U0701747

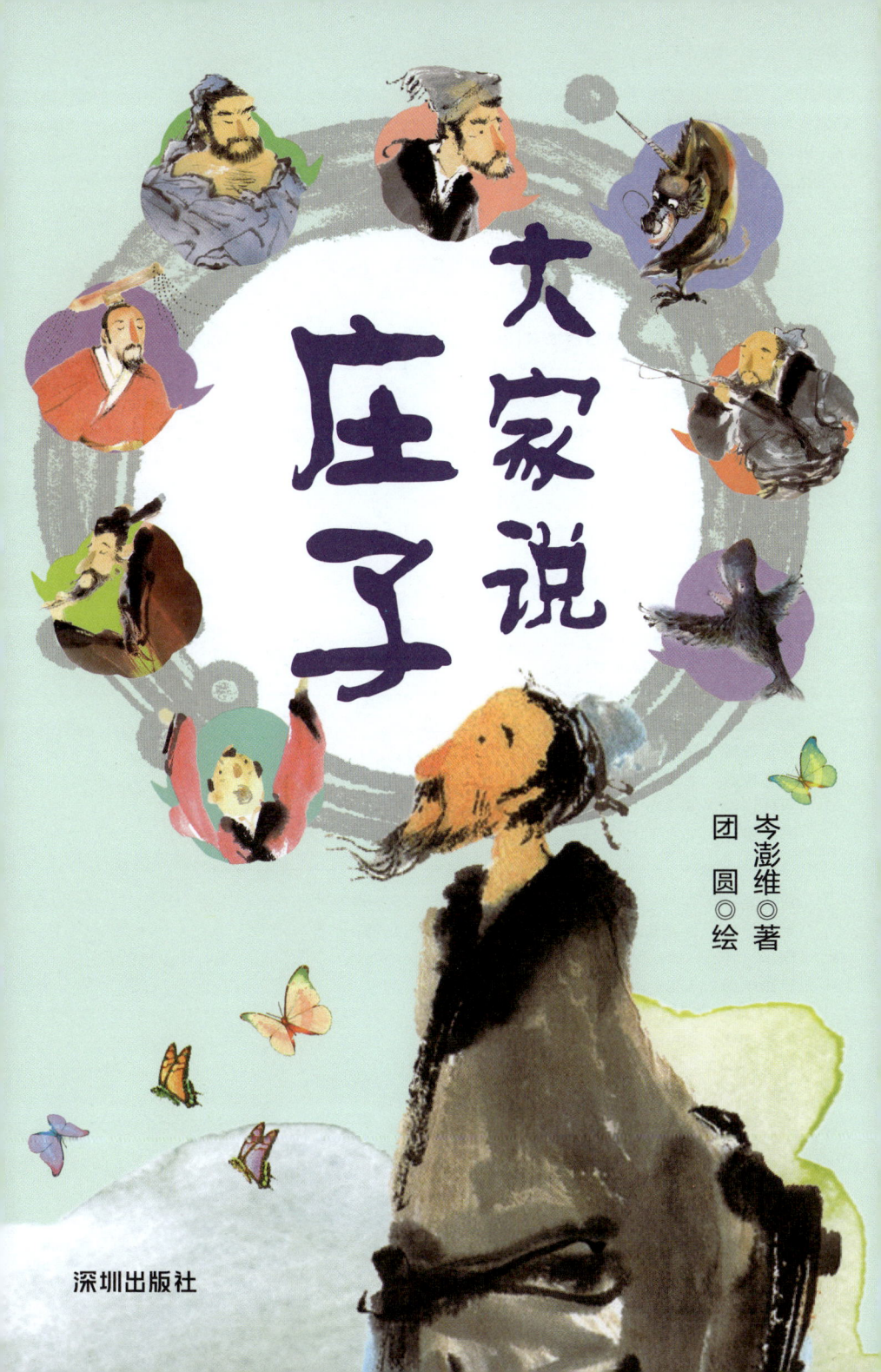

大家说庄子

岑澎维 ◎ 著

团　圆 ◎ 绘

深圳出版社

图书在版编目（CIP）数据

大家说庄子 / 岑澎维著；团圆绘 . -- 深圳：深圳
出版社，2025.3
ISBN 978-7-5507-3931-4

Ⅰ . ①大… Ⅱ . ①岑… ②团… Ⅲ . ①《庄子》-儿
童读物 Ⅳ . ① B223.5-49

中国国家版本馆 CIP 数据核字 (2023) 第 211963 号

版权登记号　图字：19-2023-359

大家说庄子
DAJIA SHUO ZHUANGZI

出 品 人　聂雄前
责任编辑　吴　珊　何　滢
责任校对　张丽珠
责任技编　梁立新
装帧设计　李木子

出版发行　深圳出版社
地　　址　深圳市彩田南路海天综合大厦（518033）
网　　址　www.htph.com.cn
订购电话　0755-83460239（邮购、团购）
印　　刷　深圳市华信图文印务有限公司
开　　本　889mm×1194mm 1/32
印　　张　6
字　　数　120 千
版　　次　2025 年 3 月第 1 版
印　　次　2025 年 3 月第 1 次
定　　价　39.80 元

法律顾问：苑景会律师 502039234@qq.com

澎维老师说：
想起庄子——

　　想起庄子，心里是满足的。这个世界上，有一个令人仰慕的人，他不在乎富贵，不在乎权位，遨游山林田野，只为快乐而来。

　　想起庄子，画面是丰富的：分辨不出自己是蝶还是人的庄周，尽情追逐的庄周，在濮水边钓鱼、对官位不屑一顾的庄周，借不到钱、还要说个故事嘲讽对方的庄周，专心追逐鹊鸟、忘记身在何处的庄周，穿着补丁衣袍去见君王的庄周，妻子去世也保持积极情绪、纵情高歌的庄周……还有谁能像他一样，活得这么尽情任性！

想起庄子，心情是愉快的。跟着庄子的文字去遨游，任想象力奔驰到无穷远的天边；在真实与虚幻的交接处，赞叹庄子笔下的自然。

这是庄子，虽然在《史记》之中没有留下太多记录，却留下令人无限向往的洒脱。在洒脱之中，令我印象深刻的，还是他与惠施的友谊，这让他的洒脱带着些许沉重。

庄子和惠施两个人吵吵闹闹、一辈子争论不休，赢的常常是庄子，无话可说的常常是惠施，但两个人就是怎么也分不开。欣赏庄子的，只有惠施；了解庄子的，也只有惠施；能容忍

庄子的，还是只有惠施。

　　不因为身份地位而产生隔阂，也不因为时空距离而互相疏远，更不因为理念不同而分离，每次见面总有说不完的话题。庄子要如何回报这份情谊？

庄子是这么说的："自夫子之死也，吾无以为质矣，吾无与言之矣！"——自从你走了以后，我就没有对手了，我也没有可以深谈的人了！

庄子站立在惠施的墓前，轻轻说出的这句话，里面隐含了多少思念与伤痛？这是多么深挚的友情啊！

人生在世，有这么一个可以信任、可以对话的朋友，多么不容易呀！有多少人拥有这样的朋友？

这样的朋友，一个就足够。

庄子有多么在乎他，惠施心里一定知道。

想起庄子，这段情谊是不能少的。

目录

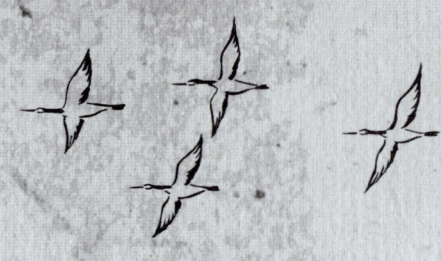

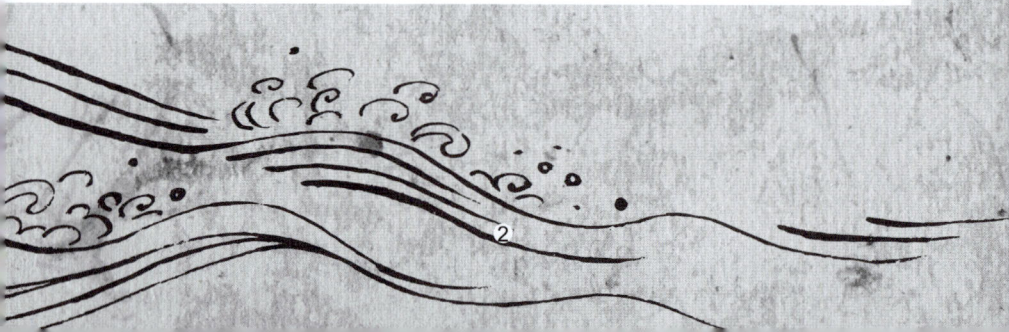

01/ 宋国人说：

宋国不是只出产傻瓜

我是一个宋国人。

不必问我的名字。那些写故事的人，每次要写一个呆子、傻子、愚人的时候，就会找我们"宋国人"。

找我们宋国人也就算了，连名字也不给一个。翻开书本，只要是这样的开头——"从前，有一个宋国人……"这肯定就是个无知又愚蠢的笑话。

　　那个在树底下休息，看见一只兔子撞上大树，轻轻松松把兔子带回家，后来田里的工作也不做了，每天在大树底下等着兔子撞上来的——是宋国人。

　　有个人在田里把秧苗一棵一棵拔高，回到

家告诉儿子，说工作得好累，因为他帮助秧苗长高不少；儿子到田里一看，秧苗全都垂头丧气，瘫软在田里。这个人，也是宋国人。

还有一个老老实实酿酒，卖的酒又香又醇而且价格公道，但是生意总是很差的酒贩。他后来去请教别人，才知道是自己养在店门口的那只凶猛恶犬让人不敢进到店里买酒——这个，也是咱们宋国人。

翻开书册慢慢找，我们宋国真是出了不少傻瓜。他们可以没有名字，但是他们做的事情，一定要够愚笨，还要让人又好气又好笑，才能来当宋国的傻瓜。

所以，也不必问我的名字啦，我就是一个宋国人。现在，我要出来为我们宋国人讲几句话。

我们宋国外部环境不佳，国力薄弱又"小咖"，四周都是强大的国家。

我们这弱不禁风的小国，之所以没有被附近的强国吞并，也许是因为没有人想要它。我们这些宋国人，就这么安分守己地在这个地方，

守着自己的家园。

但是，说起我们宋国的历史，那可是大有来头——我们是商朝的遗民哪！周武王打败了纣王之后，就把商朝的遗民迁到这个地方来，让我们在这个地方生活。

我们只是外部环境太差，但我们可不是傻瓜。甲骨文、青铜器、天文历法，这些在我们商朝就已经很繁盛了，可见商朝人的智慧是很高的。

鲁国的孔丘——仲尼先生，他的祖先是宋国人，而且是宋国第二任国君微仲的后裔。从仲尼先生往上数六世，孔父嘉是宋国的大司马，到仲尼先生父亲时，为避免战乱才到鲁国去居住。算起来，仲尼先生其实是我们宋国的后代。

我们宋国还诞生了一个智者，这个人姓庄名周，字子休。别看他总是一身随意的穿着，但他可是有一身学问呢！

奇怪的是，这个人穷得快要过不下去了，却还是不肯做官，整天坐着东想西想，对事物的观察也很仔细，经常仔细到让人吃惊的地步：就连影子，他也能看出影子外围还有影子。天文、地理……什么都想得很透彻，他是个傻瓜吗？

这个庄周，出生在我们宋国一个叫作"蒙"的地方。

他的学问哪里来的？据说，在齐国的都城临淄西边，有个地方叫"稷下"。那里聚集了许多有学问的人，他们被称为"稷下先生"。庄周曾经到那里听过稷下先生讲学，因而学到不少知识。

依我看，除此之外，他的学问和能力，跟我们商朝遗传下来的智慧很有关系。虽然我们宋国外部环境不好，但是人民的素质是很高的。

其实，我们宋国人，如果让人们拿出来消遣，能使其他国家的人感到快乐，有这么一点作用，也是不错的。

我得赶紧去看看还有没有稷下先生在那儿讲学，多听总是好的，要不然，我又成了一个宋国的傻瓜了！

　　宋人有酤酒者，升概甚平，遇客甚谨，为酒甚美，县帜甚高著，然不售，酒酸。怪其故，问其所知。问长者杨倩，倩曰："汝狗猛耶？"曰："狗猛则酒何故而不售？"曰："人畏焉。或令孺子怀钱挈壶瓮而往酤，而狗迓而龁之，此酒所以酸而不售也。"

　　　　　　　　——《韩非子·外储说右上》（节录）

　　宋国有个卖酒的人，酒量得很准确，对待客人殷勤周到，酿的酒又香又醇，卖酒的旗子高高飘扬且显眼，然而酒却卖不出去，都变酸了。他觉得奇怪，想找出原因，便去请教他熟悉的人。问到老人杨倩，杨倩问："你养的那只狗凶吗？"卖酒的说："狗凶为什么酒就卖不出去呢？"杨倩回答："人们看到那只狗，都被吓跑了。有大人让孩子带着钱、提着壶罐前去买酒，你的狗却迎上去咬人，这就是酒变酸、卖不出去的原因。"

02/老漆匠说：
没有官位才能逍遥

　　我是宋国的一个老漆匠，一辈子都在为国家做刷漆涂墙的工作。

　　别看我这个行业不起眼，没有了我们，许多器具就会腐朽。

　　想想看，木头做成的东西不上漆，风吹日晒雨淋，年深日久，怎么能不坏？宫殿年年要粉刷，战车、刀枪、矛杆、盾牌，样样要保养，样样都靠漆。

我们的国君整天想着打仗的事，不是和东边的齐国打，就是和南边的楚国、西边的魏国打，我们这小小的国家，简直就是一片战场。打赢了，树立更多的敌人，人家还会打回来；打输了，人家追着打过来。

连年战争，苦了将士，也苦了我们这些漆匠。

要打仗，武器就要保养，我们虽然没有亲自上战场，但是也不轻松哪！漆漆刷刷，我们从来没有停过。

不说这个了，看看今年的漆树，长得似乎没有往年好，收下来的漆，分量也减少了。这么少的产量，怎么够我们用？难道这跟刚上任的漆园吏有关系？

我们这饱受战争的宋国，没有什么特产，山上的漆树倒是不少。蒙地那边荒山上成片的漆树林，就是国家的林园。

咱们去瞧瞧那个新上任的管理漆园的官吏，看他有没有认真工作。

果然没错！你看，他坐在树下，拿着一卷竹简正读得入迷，像捧着一壶好酒放在鼻尖深深地吸一口气一样，一看就知道他有多陶醉。

"喂，管漆园的，你怎么读起书来了呀？"

这个漆园吏毫不在意地说："我早就不想管啦！"

这个人抱着竹简站起来就要离开。

"喂，年轻人，我不是这个意思呀，你快回来！"

“不关你的事，我早就不想做这个工作啦！”

　　“哎呀，你这年轻人怎么啦？我不是这个意思嘛！我只是说，怎么一个管漆园的，也会读书呀？”

　　年轻人听了我的话，回头看了看我，说："老人家，我不是因为您的话才不做的。来来来，我说给您听听。"

　　年轻人拉着我坐了下来，他说："古时候的百里奚，从来不把官位、俸禄放在心上……"

　　我忍不住问："百里奚是谁？"

　　"古时候一位贤能的人。他很有才能，却未能得到重用，后来被楚国人逮捕，楚国人让他去放牛，牛被他养得又肥又壮。秦穆公知道他的贤能，拜他为大夫，并且把国家大事都交给他。百里奚被秦穆公的真心感动，辅佐他把秦国治理成一个强大的国家……"

"嗯，这跟你有什么关系呀？"

"老先生，我再举个例子您听听。"

年轻人又说了："虞舜……"

"这个人又是谁？"

"是古代一位贤明的帝王。他从来不把个人生死放在心上，所以能够打动人心。"

"那又怎么样？"

"我也不在乎这一个小小的官位，我要去过我想过的、逍遥自在的生活。"

这个漆园吏果真就辞职不做了！真是让我看傻了眼——日子不好过呀，虽然只是个小小的官，但还是可以养活一家的。

后来，我打听到这个人姓庄名周，是一个个性洒脱的人，也很有才能。只是我想不通的是，管理漆园会有多辛苦？听说他回到他住的简陋屋子，在那儿织鞋、卖鞋，过着穷困的生活，饿得面黄肌瘦也甘心。难道这就是他说的逍遥自在？

我一辈子为国家刷漆涂墙，难道不辛苦？但我不是过得很快乐吗？我还是别批评他什么，人各有志，不是吗？

百里奚爵禄不入于心，故饭牛而牛肥，使秦穆公忘其贱，与之政也。有虞氏死生不入于心，故足以动人。

——《庄子·田子方》（节录）

百里奚从不把爵位和俸禄放在心上，所以饲养牛时，把牛养得又肥又壮，使秦穆公忘记了他身份的卑贱而把国事交给他。虞舜从来不把生死放在心上，所以能够打动人心。

03 / 大鹏鸟说：
自由自在才算逍遥

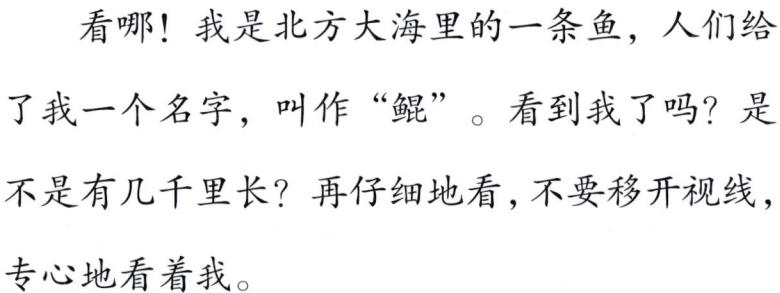

　　看哪！我是北方大海里的一条鱼，人们给了我一个名字，叫作"鲲"。看到我了吗？是不是有几千里长？再仔细地看，不要移开视线，专心地看着我。

　　看到了吗？我的鳍变成一双翅膀，我的鳞片变成羽毛，渐渐地蜕去鱼的外形……不要惊讶，我变成一只鸟了！人们给我的名字是"鹏"。看看我的背，仍然是几千里长！我准备飞咯，看着我，不要移开目光，我要展开翅膀了！

"哇！像天边厚实的云层啊！"

是谁？谁在说话？

"庄周。"

好，庄周，看着我。我要拍动翅膀了！

"嗬！"那个人赞叹了一声。

海面被我的翅膀击中，激起了三千里的波涛！那个名叫庄周的人看得出神，我听见他发出连连惊叹。这是北方大海，我的目标是南海，我要飞高一点，才能抵达那遥远的南海。

这时候，海面因为我的上升，卷起一股盘旋的狂风；我再一次拍动翅膀，那股被我带动的气流，跟着我直冲上九万里高空！

"我想的果然没有错，天空，是无限遥远

的！"庄周看着我，只有他和我知道，天空是无边无际的。

从最北边的大海飞到最南边的大海，你知道有多么远吗？我要趁着六月——风力强劲的六月离开，因为这股强风能把我送上万里高空。

"大鹏鸟啊，你看见阳光照在大平原上了吗？空气被晒得热乎乎的，在阳光下蒸腾，像不像千万匹马在奔驰？"

庄周还在专心地看着我，他的视线跟随着我，一刻也没有移开过。

"大鹏鸟啊，你看见艳阳穿过隙缝，形成的光柱了吗？"

这景象我经常看见。

"那光柱里，是不是有千千万万颗灰尘在

飞扬？"

他观察得很仔细，我看见过。但我还是专注地飞，没有回答他。

"大鹏鸟，你告诉我，天空的蓝，是它真正的颜色吗？你从几万里的高空往下看，跟我们抬头看到的，是不是一样的景象？"

这个人怎么能想得这么深远？

他看我一直没有回答，就自言自语了起来："大鹏鸟，我知道你是依靠六月的强风才飞上高空的。你要依靠其他的东西才能高飞，并不是真正的自由自在。如果你能不依赖强风，随时都能高飞，那才是真正的自由自在，才是真正的逍遥呀！"

我是世界上最巨大的鸟，虽然我只能在六

月的强风里高飞，但是我还是能自在地飞呀！

"大鹏鸟，你被强风推上九万里的高空，风在你的翅膀下支撑着你，如果没有强风，你飞得起来吗？是强烈的气流托住你的。你依靠风，你不是真正的自由！"

他怎么知道这么多的？他不是飞鸟，他怎么知道我们的秘密？人类都认为我最自由，难道不是这样吗？且不管他，我要往南方飞去了。

"看那只大鹏鸟，又是它飞往南方的时候了！"一个新的声音传来，是一只夏蝉。

学鸠得意地跟夏蝉说："你看，我飞到那树上，快得就像箭一样！有时候飞不到，大不了就落到地上，谁也看不出来我飞不到。我才不必管是什么时候，我爱飞就飞，多么逍遥！”

　　“是啊，何必一定要飞九万里远才过瘾？”那只夏蝉这么说，又飞到另一棵树上。

　　我不会计较这些的，不管是庄周、夏蝉，还是学鸠，他们说我不是真正的自由，我不当一回事，也不会让他们影响我。

　　我还是我，我是自由自在的大鹏鸟。

　　蜩与学鸠笑之曰："我决起而飞，抢榆枋而止，时则不至，而控于地而已矣，奚以之九万里而南为？"适莽苍者，三餐而反，腹犹果然；适百里者，宿舂粮；适千里者，三月聚粮。之二虫又何知！

——《庄子·逍遥游》（节录）

　　蝉和学鸠嘲笑大鹏鸟说："我奋力地飞，碰到榆树、檀树就停下来，有时飞不上去，也不过落在地面就是了，何必飞九万里而又往南海去呢？"到郊外去，只要带着三餐的粮食，而且当天就回来，肚子还很饱足；到百里远的地方去，要准备一夜的粮食；到千里远的地方去，就得准备三个月的粮食。这两只虫鸟又懂得什么呢？

04/ 惠施说：

毫无用处的大葫芦

庄周是我的好友。我们常常意见不合，争辩是常有的事，最后的结论总是南辕北辙。不过，这并不影响庄周和我的感情，因为除了我，他也没有几个谈得来的朋友啦！我不跟他拌拌嘴，他还会觉得浑身不舒服呢！

瞧，他又来找我了。我得找点事来做，让他有话题可以和我争辩，我也找机会消遣消遣他。

"你在做什么呀？"一进门，庄周就这么问我。

"劈葫芦哇！"

庄周看着满地的葫芦碎片，在一旁直摇头。

"好好的葫芦，你没事劈它做什么呀？"

"因为这葫芦一点用处也没有！"

这句话就是在嘲讽他的。他老是说："没

有用的东西，才是真正有用的。"这指的就是
他自己——他不出来当官，看起来很没有用，
但他就觉得自己才是有用的。他还说："有用
的东西，才是最没有用的。"这指的就是我——
我在魏国当宰相，庄周用尽各种办法来嘲弄我
看起来有用，其实一点用也没有。

　　"怎么会没有用处呢？没有用的东西，才
有大用处呢！"

　　我说："这葫芦有什么用处呢？魏王不知
在哪里拿了葫芦种子，给了我几颗。你看，结
出这么大的葫芦来。"

　　这么大的葫芦，拿来装水，一次可以装个
五石，偏偏它又不够坚固，装满了水，一举起
来就破裂。那我从中间剖成两半，拿来当水瓢

舀水吧，但这么大的水瓢，不用的时候，又很占地方。

我问庄周："你说说看，这个大葫芦，一点用处也没有，我不把它劈了，留它做什么？"

庄周摇摇头，用手指指我，说："惠先生，您只会用'小用处'，不会用'大用处'哇！"

庄周拉了张板凳坐下来说："来来来，我讲个故事你听一听。"

庄周说，宋国有一户人家，以漂洗丝绵为生，染好的丝绵，要在河里漂洗，他们一家好几代都做这工作。这个工作很伤手，这户人家能长久做下来，就是因为他们能调制出一种让手不龟裂的药膏。

有个外地来的人知道了这件事，出一百两

金子的高价，要买他们的祖传药方。

这户人家聚在一起商量这件事，得到的结论是：我们世世代代漂洗丝绵，辛苦一年赚得的也不过几两金子，现在一个药方就能卖一百两金子，我们何不就卖了它？

这个外地人付了钱，拿了药方，就到吴国去游说吴王。正巧这时候，越国来侵犯吴国，吴王就让他带兵作战。

这场冬季的水上交战，吴军因为有保护手的药膏，轻轻松松打败越军。吴王很开心，赏他许多土地，还封他官位呢！

"你看看，"庄周指指我说，"同样的药，只会用'小用处'的人，拿来漂洗丝绵；会用'大用处'的人，用它来获得赐地封爵的机会。你呀，不是我要说，你就是不会用'大用处'的人哪！"

我要消遣庄周，反被他消遣了，实在是不甘心。

我说："那你说说看，这么大的葫芦，要

怎么用它？"

"你何不把葫芦晒干以后，多带几个，绑在腰上做成'腰舟'，在江上、湖上漂浮游荡，那不是很美吗？"

这庄周，就是有这么浪漫的想法。他的意思就是要我辞官，抛开荣华富贵，回到民间做个快乐的村夫。

这是我做不到的，要游荡江湖，就让他自己去吧！

能不龟手，一也；或以封，或不免于洴澼纩，则所用之异也。今子有五石之瓠，何不虑以为大樽而浮乎江湖，而忧其瓠落无所容？则夫子犹有蓬之心也夫！

——《庄子·逍遥游》（节录）

同样是一个防止手冻裂的药方，有人靠它得到封赏，有人却只会用于漂洗丝绵，这是因为使用方法不同啊。现在你有五石容量的大葫芦，何不把它系在身上作为腰舟，浮游于江湖，反而担忧它太大而无处可容纳？可见你的心还是过于浅薄狭隘呀！

05 / 伴影儿说：
谁是我真正的依靠？

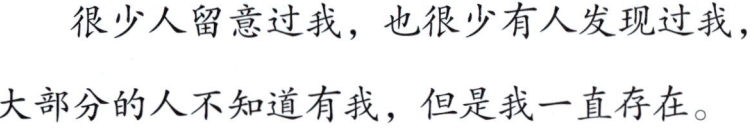

很少人留意过我，也很少有人发现过我，大部分的人不知道有我，但是我一直存在。

我不是影子，我是在影子外围、镶在影子边缘那一圈模糊的淡影。发现过我的人类，叫我"罔两"，这个名字听起来像是鬼怪精灵一样，我不喜欢。我喜欢"伴影儿"这个名字，"伴随着影子"形容我最恰当。

我的主人是影子，它变成什么样子，我就

跟着变成什么样子，我永远伴随着它。

这个名叫庄周的人，他就留意过我的存在。

有一天，我跟影子抱怨："你真是一点主张也没有，那个人站起来，你就站起来；那个人坐下来，你就坐下来，你就不能有一点自己的想法吗？"

影子很无奈，它说："唉，我也没有办法呀。我要有依靠才能存在。不依靠着主人，我就不存在了。"

"你这么做，让我跟得好累呀！"

影子不高兴地说："你不能怪我呀，是我的主人一会儿站起来，一会儿坐下来，要怪——你去怪他吧！"

那个名叫庄周的人，听到我们的对话，故

意抖动得更加剧烈。

这时候，影子也跟着抖动得厉害：上上下下、左左右右，不停地伸手动脚、大摇大摆。

"停——不要再动了好不好！停——"我发出抗议。

影子完全没有办法停止下来，所以语气也很不好："你以为我喜欢这样吗？你以为我喜欢当蛇的皮，当蝉的翅膀，当一个只能紧紧依附着主人的东西？你以为是我故意这么做的吗？我也不知道为什么会这样啊！"

"好啦！"庄周大喊一声，我和影子都吓了一跳，影子停了下来，我也停了下来。

庄周说："你们两个不要吵啦！我也是没有办法的呀！

"我不知道我被什么控制，就是想要一会儿坐下来，一会儿站起来；一会儿抬起头，一会儿低下头。我的背后，好像也有一个东西在指使我，我也是依附在另一个东西上面哪！"

　　那个庄周说完，平静地坐了下来，他静静地想了很久。突然，他像着了魔一样大喊一声，然后披头散发地舞动起来。影子也跟着他起舞，披头散发地狂舞起来。

　　而我呢？我也只能伴随着影子，配合着它的节奏，一起舞动。

　　现在，我知道影子的无奈了，因为我跟它一样，我没有办法支配我自己，我也没有办法让我自己停止。

　　而那个庄周狂舞个够之后，告诉我们："我

受到我的脑子支配，影子又受到我的支配，而你，你这个伴影儿，你又受到影子的支配呀！没有什么好抱怨的。"

影子也停了下来，它疲累地说："我就像蛇依赖腹下的鳞皮，像蝉依赖翅膀一样依赖主人的形体。火和阳光产生了我，暗与黑夜隐藏了我。主人真的是我的依靠吗？还是火和阳光才是我的依靠？我依靠的东西太多了呀！还是顺其自然吧，该我出现的时候，我就出现。伴影儿，你不要再问我这些了！"

这时候，庄周似乎清醒多了，他轻轻地对我说："万事万物都受到某些东西的支配，你不要再抱怨了，小伴影儿！"

然后，庄周轻轻地睡去，影子也安静地躺

在地上。而我，则依偎着影子，看着庄周，看着亮光。

到底哪一个才是影子真正的主人？

　　罔两问景曰："曩子行，今子止；曩子坐，今子起；何其无特操与？"景曰："吾有待而然者邪？吾所待又有待而然者邪？吾待蛇蚹蜩翼邪？恶识所以然！恶识所以不然？"

——《庄子·齐物论》（节录）

　　影子外的淡影问影子："刚才你还在行走，现在你又停下来；刚才你还坐着，现在你又站了起来；你为何这么没有独立的品行呢？"影子答："我的存在是有所依附才这样的吧？而我所依附的对象也是有所依附才这样的吧？我所依附的就好比蛇依赖于腹下鳞皮、蝉依赖于翅膀吧？我怎能知道为什么会这样！怎能知道为什么不会这样呢？"

06 / 魏惠王说:
怎么会穷成这样?

　　我是魏国国君,我那宰相惠施不断跟我推荐一个人,他说这个人多么有才能,可以为我提供策略,还说有了这个人,保证能让我的国家太平、人民安乐。

　　"真的有这么好吗?叫他来见本王。"

　　这个人,庄周,就踏着大步来到本王的宫殿前。你看看,他身上的衣裳在风中摆动,一派潇洒飘逸的模样,像是超凡脱俗的神仙。

不过——他身上披着的……等一等，竟然是一件宽大的粗布衣裳！让我仔细瞧瞧——粗布衣上缝缝补补，挂满了五彩补丁，有的破洞还来不及补，就这么破着。我的天哪，怎么会穷成这样！

庄周的脚上，穿着一双麻绳织成的鞋，走上阶梯的时候，他弯下腰去把麻绳系紧一点，免得松脱了。

"庄先生啊！"我上下打量眼前这个人，忍不住问他，"一个有才能的人，一定要把自己弄得这么疲困吗？"

"大王，我只是贫穷，我不是疲困。"

"贫穷和疲困不是差不多吗？"

庄周并不感到羞愧，淡淡地回答本王："大

王，衣服破了、鞋子坏了，没有办法再买新的，这是贫穷。读书人有志难伸，满肚子的道德理想没有办法实现，才会疲困。大王，贫穷比疲困好多了。"

"一个有才能的人，不应该穷成这样啊！"

庄周回答本王："处在昏君乱世的时代，人要不疲困实在很难哪！这是生不逢时的悲哀呀！贫穷没什么不好，我只是贫穷，我没有什么理想要实现，所以还不到疲困的地步。"

"出来做官就行了，有才能的人还会没有理想吗？"

"大王，你见过树林之中跳跃的猴子吗？它们在高大的树林里，从这棵大树跳到那棵大树去，攀着树枝，从这里荡到那里去，这时候

是多么快乐自在呀！就算是后羿、逢蒙这样的神射手，也不能小看它们哪！"

本王的园林里就有很多猴子，这庄周说的没有错，它们整天荡来荡去，身手矫健，本王几次举箭要射它们，还射不中呢！

庄周继续说："可是，它们一旦落在低矮的木丛之间，就不一样了。它们瞻前顾后、左顾右盼，小心翼翼就怕被发现，因为它们没有东西可以攀附，没有办法大显身手哇！

"大王，在这个混乱的时代里，读书人就像落入低矮木丛中的猴子，有才能也难以展现，想要不疲困，实在是困难哪！"

好吧好吧，这么一个只想在高大树林里游荡的人，就让他去逍遥自在吧，本王也就不留他了。

后来，我听人家说，楚国的国君也想请庄周去帮忙治理国事，派了两位大臣去找他。

两位大臣在河边找到正在钓鱼的庄周。据说呀，庄周听完他们的来意，连回头看一眼都没有，只问了一个问题——

"我听说你们楚国有一只神龟，死的时候已经三千岁了。楚王用丝巾包裹，再用竹箱装着，供奉在祭祀祖先的地方。你们说说看，这只神龟，是想当珍贵的标本，还是宁愿活着，拖着尾巴在泥浆里慢慢地爬？"

"当然是活在泥浆里呀！"两位大臣毫不犹豫地回答。

"这就对了！你们回去吧，我还想拖着尾

巴在泥浆里生活呢！"

这个庄周，穷得三餐不继，只好带着弹弓打鸟，带着钓竿钓鱼。楚王找他，他也不理，那就让他继续在树林里当猴子，在泥浆里当乌龟吧！

　　庄子钓于濮水，楚王使大夫二人往先焉，曰："愿以境内累矣！"庄子持竿不顾，曰："吾闻楚有神龟，死已三千岁矣，王以巾笥而藏之庙堂之上。此龟者，宁其死为留骨而贵乎？宁其生而曳尾于涂中乎？"二大夫曰："宁生而曳尾涂中。"庄子曰："往矣！吾将曳尾于涂中。"

　　　　　　　　　　　——《庄子·秋水》（节录）

　　庄子在濮水边垂钓，楚王派两位大臣先行前往致意，说："楚王愿意将国内政事都委托给您。"庄子手持钓竿，头也不回地说："我听说楚国有只神龟，过世时已经三千岁了，楚王用丝巾包裹着它，再用竹箱装着，供奉在宗庙里。你们说，这只神龟是想当珍贵的标本呢，还是宁愿活着，拖着尾巴在泥浆里慢慢爬呢？"两位大臣说："宁愿活着拖着尾巴在泥浆里爬。"庄子说："你们走吧！我还想拖着尾巴在泥浆里生活呢。"

07 / 监河侯说：
到干鱼铺子找我吧

看看，是谁来找我？那个穿着一身破烂、披头散发却充满自信的人，不就是老朋友庄周吗？

他的口才一流，故事随手一抓就有，任谁都讲不过他。我看我还是躲一躲，免得他开口借米借粮，我推也推不掉。

"监河侯，你要去哪里？我来找你啦！"

唉，慢了一步，他已经看到我了。我是这

黄河边上管理水利的官差，这庄周，来找我一定没好事。既然他看见我了，还是跟他打声招呼好了。

"庄周，你最近可好？"

"我呀，是这个样子——今年闹旱灾，你也是知道的。收成不好，我卖草鞋的生意也变糟了；弹弓打不到鸟，河里鱼也钓不到，真是过不下去了呀！"

完了，他一定要跟我借钱了。

"哎呀，年头不好，大家都一样，我也没有好到哪里去！"我说。

"监河侯，我已经饿了好几天，家里一粒米也没有了，想来看看你这里方不方便借我一点米？"

看，我猜的没错，他就是要来跟我借粮的。要知道，东西借给了他，就只能有去无回，我要想办法推掉才好。

"当然当然，我们是老朋友了，兄弟有难，怎么能不帮忙？"我说。

庄周听我这么说，饥饿憔悴的模样一扫而空。

我说："这样吧，我那块地的地租这几天就要送来了，钱一进来，我立刻借你，就借三百金！你再等一等，再忍一忍。"

庄周的眼神立刻又暗了下去。他摇摇头，摆摆手，没有埋怨，却跟我讲起别的事来。

"我来这里的路上，听到呼救的声音，那声音很微弱，我就低头慢慢找。就在道路的中

央、车轮辗过的积了
泥浆的凹痕里，有一
条鲫鱼在里面挣扎。"

庄周看了看我，
我正认真地听着。

"于是，我问那
鲫鱼：'你怎么啦？'

"那鲫鱼张着嘴，
虚弱地回答我：'我
是东海龙王的手下，
先生啊，您帮我个忙，
给我一点点水，让我
可以活下来，我对您
感激不尽哪！'"

"那就倒一点点水给它，让它活命吧。"我说。

庄周摇摇头，"我告诉它：'这有什么问题？正好我要往南方去，就让我去游说吴国和越国的君王，请他们开一条水道，接引西江的水过来，那时候，你就不怕没有水了！'"

我忍不住大叫："这鱼就快没命了，等你去游说吴王和越王，引了西江水过来，它早就没命啦！"这庄周是饿昏了吧，救一条鱼还需要多少水？

"你说的没有错。这鲫鱼又虚弱又生气，它告诉我：'只要一点点水，就能让我活下来！你竟说出这样的话，等你从南方回来，就到干鱼铺子去找我吧！'"

"说得好哇！"

我忍不住拍案叫好！这鱼说的真有道理，就一点点水，哪用得上大费周章引西江水？但是……等一等，这个故事——这个故事，不会是在讽刺我吧？

哎呀呀，真是在讽刺我呀！这庄周不就像那条鲫鱼？他已经饿得快没命了，我还要他再等一等，再忍一忍。

庄周呢？怎么讲完这个故事，人就不见了？我耳边不断响起他最后的那句话："就到干鱼铺子去找我吧！"

唉，我怎么会这么绝情？我得赶紧去追人了！救人是不能等的呀！

　　对曰："我，东海之波臣也。君岂有斗升之水而活我哉？"周曰："诺。我且南游吴越之王，激西江之水而迎子，可乎？"鲋鱼忿然作色曰："吾失我常与，我无所处。吾得斗升之水然活耳。君乃言此，曾不如早索我于枯鱼之肆！"

　　　　　　　　　　——《庄子·外物》（节录）

　　鲫鱼说："我是东海龙王的手下，求您给我一点点水，救救我吧！"庄周回答："好的。我正要到南方去，我打算游说吴王、越王，请他们开道引来西江的水救你，如何？"鲫鱼听了，板起脸回答："我一旦失去水，就无法生存了。我只要得到一点水，就能活命。可是现在你竟然讲这种话，那还不如早点到干鱼铺子找我算了！"

08/ 支离疏说：
懂得欣赏我的人

"哎哟！"

一个妇人只看了我一眼，就吓得魂飞魄散，她一边跑，还一边回头看，大概是想确定她看到的是人还是鬼。

没有关系，常常有人这样。看看我的名字——我姓"支离"，支离破碎的"支离"，也就是残缺不全的意思；单名一个"疏"字，这个字用在我身上，就当作"粗糙、草率"来解释吧！这个名字用在我身上，再恰当不过了。

人家说"人如其名"，真是这样。第一次看到我的人，一定会被吓得魂不附体，久久难以平复。日子久了，我也习惯这样，如果有人没被我吓到，我还会不自在呢！

现在我已经不觉得难为情，反倒是那些被我吓着的人，还要很不好意思地掩饰自己的不安，真是让我觉得很对不起他们。

看看我的模样，真是难以想象啊！

我驼背，头已经低到肚脐底下去了，两个肩膀比头还要高。因为头抬不起来，发髻当然就朝着天啦！至于我的两条腿，是紧紧靠着胸部两边的肋骨的。

这是我看得见的外表，我身体里那看不到

的五脏六腑，也因为外表变形而移动了位置，它们爱挤到哪里就挤到哪里去，我从来不去管它们。

每个看到我的人，只管躲得远远的，怕我跟怕鬼怪一样。但是，我又是多么幸运，竟然能遇到一个懂得欣赏我的人。

"生成这样，真不容易呀！"他像看见一棵长满千年树瘤的老桧木一样，仔细地看着我。

他没有被我吓跑，还真心赞叹着："这真是老天爷给你的恩惠呀！"

那个人，我一辈子都记得他的名字——他叫庄周。

他不仅欣赏我，还了解我，他说的一点都没错。

我每天帮人家洗衣服，衣服上有破洞、脱线的地方，我也会动手缝补。农忙的时候，我还会用簸箕帮农家筛谷，这样又能多赚一点钱养家。

虽然我的日子过得不富裕，但是养活十个人没有问题。

庄先生说这是老天爷给我的恩惠，说得真是好。

国家征募士兵去打仗的时候，我可以大摇大摆在征兵的地方看热闹，凑到最前面去也没有关系，没有人会要我去当兵。国家需要男人去修城、铺路、守卫乡里，做一些劳役的工作，而我因为身体残疾，可以免去这些劳役。

每年国家发放救济物品的时候，一定有我

的份，三钟米粟、十捆柴薪，足够我们全家一整年温饱了，我根本就不需要再去赚钱。

我经常听到远方传来消息，说有人战死沙场，有人防守边疆劳累病倒，这时候，我就很庆幸，我这条小命平安无事。

像我这么一个没有用处的人，还能养活自

己，养活家人，在这个混乱的时代里保住性命，安稳地活下来，怎么不是老天爷给我的恩惠？

"哎哟！"又一个人第一次看到我了。

没有关系，他们怕他们的，我还是我，其实，我也很欣赏我自己呢！

　　支离疏者，颐隐于脐，肩高于顶，会撮指天，五管在上，两髀为胁。挫针治繲，足以糊口；鼓䇲播精，足以食十人。上征武士，则支离攘臂而游于其间；上有大役，则支离以有常疾不受功；上与病者粟，则受三钟与十束薪。夫支离其形者，犹足以养其身，终其天年，又况支离其德者乎！

　　　　　　　　　　　——《庄子·人间世》（节录）

　　有一个叫支离疏的人，脸颊藏于肚脐之下，肩膀高于头顶，脑后的发髻朝天，五脏的穴位向上，两条大腿和胸部肋骨相并。他替人缝衣、洗衣，足以养活自己；替人筛糠簸米，足以养活十口人。政府征兵时，支离大摇大摆游走其间；政府征劳工时，支离因残废而免除劳役；政府发放救济品时，支离可以领三钟米、十捆柴。像支离这样形体不全的人，还可以养活自身，享尽天年，何况是那些忘德的人呢！

09 / 石师傅说：

大而无用的老栎树

　　我姓石，是个木匠，靠手艺赚钱养家。我经常在山林里挑选木材为人制作器具，看遍各种树材，对于木质，我是再了解不过的。

　　我常和我那朋友庄周聊天，他常常说"没有用处的东西，才大有用处"，我是不认同的。好的木材做出好的器具，不好的木材做出没有用处的东西，这是一定的道理。

　　就像那樗树，我们叫它"臭椿"，这树长

得很快，没几年就又粗又壮。但是它木质松散，一点用处也没有，拿来做饭桶装饭，饭很快就馊了；拿来做板凳，板凳很快就朽了。

这种木材就是没有用处，无论拿它来做什么，都是白费了我们的手艺。

但是，事情有时候真的不是我们想的那个样子。

有一天，我带着几个徒弟，来到齐国的曲辕。在这里，我们看到一棵栎树。这棵栎树枝繁叶茂，大到可以给几千头牛遮阴。几个徒弟拿了绳子去量树干的腰围，足足有十丈粗。树干又高又直，欲与山峰比高。

这棵又高又大的栎树被当作神木来拜，还有很多人特地前来观赏。但是我可不欣赏这棵

老栎树，也懒得多停留，就让几个徒弟去看个
过瘾，我还是赶我的路。

"师父，师父，您怎么不去看？那棵树啊，
可以拿来造船的旁枝就有十几枝呢！"

徒弟们追了上来，边跑还边嚷嚷。

"是啊是啊，师父，自从我跟着您学做木工以来，还没有见过这么大的树呢！师父，您为什么不去看一看呀？"又一个徒弟说。

　　"唉，算了，别提这种树了。"

　　"怎么了，师父？"

　　"这树，叫作栎树。拿它来造船，一定会渗水沉船；拿它来做棺木，很快就会腐朽；拿它来做门，又会渗出脂液，不容易开关；拿它来当柱子，又会变形、被虫蛀……这树哇，真是一无是处！"

　　几个徒弟似乎知道我看都不看的原因了。

　　"所以呀，它才能长得这么高大，没有被人砍去做器具。"

　　说也奇怪，那天晚上，我梦见老栎树来找

我，还跟我说话："你拿我去跟什么比呢？跟有用的树木吗？山楂树？梨树？橘树？柚树？跟这些树比较吗？你看看这些树，长出了果实，就任由人们扭折摘取，果实摘完了，还要被修

剪枝叶，这都是因为'有用'才遭受的痛苦！"

老栎树温和地对我说："那些'有用'的树木，就是因为'有用'，才没有办法享尽应有的寿命，很早就被砍了。而我祈求让自己'无用'很久咯，我能保全性命活到现在这把岁数，就是因为我'毫无用处'。你要知道，'毫无用处'就是我最大的用处哇！"

我一觉醒来，冒了一身冷汗。老栎树在我梦里讲的话，很有道理呀！一棵"有用"的树，很快就会被砍去做各种器具，一棵会长出果实的树，也要忍受各种摧残和痛苦。

　　难怪这些有用的树木没有办法当"神木"，因为没多久就被人看中，砍去做成各种器具了。

　　老栎树有它的智慧呀，我不能这么看不起它。

　　至于庄周，他说的"没有用处的东西，才大有用处"，这个道理，我现在终于懂了。

　　女将恶乎比予哉？若将比予于文木邪？夫柤梨橘柚，果蓏之属，实熟则剥，剥则辱；大枝折，小枝泄。此以其能苦其生者也，故不终其天年而中道夭，自掊击于世俗者也。物莫不若是。且予求无所可用久矣，几死，乃今得之，为予大用。使予也而有用，且得有此大也邪？

　　　　　　　　　　　　——《庄子·人间世》（节录）

　　你拿我和什么相比呢？和有用的树相比吗？山楂、梨、橘、柚，这类果树，果实成熟了就被摘下，摘完后就被折扭；大枝被折断，小枝被拉走。这就是拥有"才能"而让自己受苦，因此无法享尽天年就中途夭折，这都是自己显露"才能"才招来的世俗打击。万物没有不是这样的。再说，我期许自己无用已经很久了，曾经几乎被砍伐，而现在能保全自己，这正是我的大用。如果我是有用之材，还能长得这么大吗！

10 / 独脚夔说：
不要太羡慕别人

　　人们总是叫我"独脚兽"，可是我不喜欢"兽"这个字，我是"夔"，跟龙很像的"夔"。叫我"独脚夔"，我喜欢这个名字。

　　看看我的模样，多么英挺又帅气：头上顶着一个犄角，全身披满光滑的鳞片，虽然只有一只脚，但是我跳跃稳健、来去自如。

　　不要觉得我长得怪，人类有两只脚，牛马有四只脚。四只脚能站，两只脚能站，一只脚

也能站哪！能站就好，一只脚不也很好？

看看这是什么？一只虫子从我眼前爬过，身上密密麻麻大概有一万只脚吧！每只脚都在忙着移动。

"嘿！万脚虫，别跑那么快嘛，你要去哪里？"

万脚虫没有停下脚步，只回头看着我，还纠正我说："叫我万脚蚿，我不喜欢'虫'这个字！"

"好，万脚蚿，我只有一只脚，移动的时候要用跳的，我觉得很自然。但是你有这么多只脚，走起路来怎么不会纠缠打结呢？"

万脚蚿的脚还是没有停下来，我仔细地看，它的每一只脚都配合得刚刚好。

"独脚兽……"

"叫我独脚夒！"

"独脚夒，我也不知道我怎么会有这么多只脚。我指挥它们一点也不费力，它们走它们的，自然而然把我带到想去的地方，我从来不烦恼呀！"

万脚蚿走远了，我看着它的背影，忍不住羡慕起来：我如果也有这么多只脚，是不是就能快得飞起来？

"不要太羡慕别人哪！"

一个声音打破沉寂。是谁在跟我说话？

难道是树下那个穿着破布衣裳的人？

"独脚夒，你羡慕万脚蚿吗？"

我看着那个人。

"我叫庄周。"

庄周？

"是的，独脚夔。你美慕万脚蚿，不过万脚蚿也有美慕的对象啊！"

万脚蚿会美慕谁？

"是蛇。"

没有脚的蛇！

庄周坐了起来，像在自言自语一样。

他说："有一条蛇从万脚蚿面前爬过，万脚蚿跟蛇说：'我用这么多只脚走路，却比不上你的速度，你是怎么办到的呀？'你看看，你美慕它，它却美慕没有脚的蛇。"

庄周拾起地上的草鞋往脚上套，边套边

说：“那蛇呀，也有羡慕的对象。”

蛇会羡慕谁?

“蛇羡慕风。蛇对风说：'我呀，不能离开地面，感觉好像还是有脚。你呢? 呼呼呼地从北海出发，呼呼呼地又进入南海，就像没有形迹一样，你是怎么办到的呀? '”

呵呵呵呵，那神气的风就没有什么好羡慕的吧?

“不，风也有羡慕的对象。”庄周说。

“风跟蛇说：'没有错，我想到哪里，立刻就能抵达哪里。我能吹倒一幢房子，吹断一棵大树；但是我吹不断指责我的手指，我也阻止不了想要踢我的脚哇！'”

原来风也有它的苦恼，那风会羡慕谁?

"风羡慕眼睛！眼光一扫，比风还快。"

那眼睛就没有羡慕的对象了吧？

"不，眼睛羡慕'心'。"

眼睛为什么羡慕心？心又看不见。

庄周说完，就不再说什么，躺下去又睡着了。

我站在树下，用心想了很久，终于想通了：在看不见的地方，"心"也能抵达呀！

不要太羡慕别人。我就是我，没有办法做到的，就用"心"去想吧！

蛇谓风曰："予动吾脊胁而行，则有似也。今子蓬蓬然起于北海，蓬蓬然入于南海，而似无有，何也？"风曰："然。予蓬蓬然起于北海而入于南海也，然而指我则胜我，鳅我亦胜我。虽然，夫折大木，蜚大屋者，唯我能也，故以众小不胜为大胜也。为大胜者，唯圣人能之。"

——《庄子·秋水》（节录）

蛇对风说："我运动着脊背和腰部行走，像有脚似的。而你呼呼地从北海掀起，又呼呼地驾临南海，却好像没有留下行走的痕迹，这是为什么呢？"风说："是的，我可以呼呼一吹从北海进入南海，可是人们用手来指我就能胜过我，用脚踢我也能胜过我。不过，吹断大树、掀翻房屋，却又只有我做得到，所以我是在许多小地方不争胜，而谋求大的胜利。获取大的胜利，只有圣人才能做得到。"

11 / 蝴蝶说：

我是谁？谁是我？

春天来了！

我在蛹里闻到春天的气息，努力要出来看看这世界。经过好长一段时间的奋斗，我终于从蛹里挣脱，变成有一双美丽翅膀的蝴蝶！

在我还是幼虫的时候，我就听说过这件事：总有一天，我们会变成美丽的蝴蝶。这个传说果然是真的！看我的翅膀多漂亮！

同一时间，大家都感受到了，草原上一夜

之间飞满了儿时的同伴，花也全都开了！

同伴们成群结队，飞到这边看一看，飞到那边看一看，饿了这么久，要挑一朵最香、开得最盛的花，好好享受芬芳甜美的汁液。

我不急着品尝花蜜，春天才刚刚降临，我要四处飞舞，试试我的新翅膀。

在蛹里躲了一整个冬天，脱蛹而出的感觉是如此美好。我把一对翅膀晾干，想知道我能飞得多远、多高。

远远的大树底下，有一个瘦得像枯柴一样的人躺在那儿睡觉。他睡得很沉。或许他是还没有变成蝴蝶的蛹？春天来了，他怎么还不离开那个包裹着他的蛹？

那个人翻了个身，他不是蛹，蛹不会翻身，

他是人类。

人类有没有翅膀？人类可以飞吗？人类的世界和蝴蝶的是不是一样的？

我朝着那个人的方向飞过去，不知不觉，我飞进了一个陌生的地方。这是什么地方？草原还在，但是同伴们都不见了。那个睡觉的人挥挥翅膀，也在空中飞！我不是在做梦吧？

是梦境吗？我飞进人类的梦里了！我怎么会飞进人类的梦里了呢？

"我是蝴蝶！"

是大树底下的那个人？我飞进了他的梦里。他的梦里，也有一片翠绿的草原、一条清澈的小溪，他在专心地当一只蝴蝶。

"哟呼！我是蝴蝶！"他大声地叫着，就

像我刚脱蛹而出的时候一样，难道他真的蜕变成蝴蝶了？

"喂，我才是蝴蝶，你是人类！"我提醒那个人。

"不，我是蝴蝶。你是庄周，我才是蝴蝶。"

那个人竟然把自己当作蝴蝶，说我是庄周。他自己才是庄周吧？

"看我飞得多么自在。"这只人类变成的蝴蝶张开翅膀，跟我一样飞了起来。

这个人的梦境，竟然比草原还要辽阔，这里有盛开的花朵，有潺潺溪流，还有啾啾鸟鸣，简直就跟仙境一样。

我忍不住扇动翅膀，飞高一点，又飞低一点，是我在做梦，还是那个人在做梦啊？

那个人变成一只蝴蝶，他有一双跟我一样的翅膀，我们一身黑衫花裙，在草原上并肩飞舞。飞累了，我就停在他刚才躺着睡觉的地方休息一下。

　　"看我飞得多么好啊！"那个人开心地在草原上飞，一边飞还一边叫嚷着。

　　他真的变成一只蝴蝶了。一会儿飞高，一会儿飞低，他跟我一样，不急着享用花蜜，只顾着展翅飞舞。飞舞着，飞舞着，突然之间，他飞进我的梦里，我正躺在草原上休息。在梦里，

我变成一个叫作"庄周"的人，正坐着看一只蝴蝶飞舞……

我到底是一只蝴蝶，还是一个叫作"庄周"的人哪？

我怎么弄糊涂了？是那个人，他飞进了我的梦里？他现在究竟是人，还是蝴蝶？

不管这么多了，我们都来自大自然，他是蝴蝶也好，我是蝴蝶也好，不管是人类还是蝴蝶，让我们尽情享受这美丽的春天吧！

昔者庄周梦为胡蝶，栩栩然胡蝶也，自喻适志与！不知周也。俄然觉，则蘧蘧然周也。不知周之梦为胡蝶与，胡蝶之梦为周与？周与胡蝶，则必有分矣。此之谓物化。

——《庄子·齐物论》（节录）

从前，庄周梦见自己变成蝴蝶，一只翩翩飞舞的蝴蝶，他感到多么地愉快和惬意啊，完全没意识到自己是庄周。忽然梦醒，惊疑之余才发觉自己是庄周。不知道是庄周做梦变成蝴蝶，还是蝴蝶做梦变成庄周？庄周与蝴蝶，一定是有差别的。这场梦可以说是物我同化。

12 / 蔺且说：
螳螂捕蝉，黄雀在后

我是庄周的学生。

这天，老师独自出门闲逛，他要到雕陵附近走走。

老师曾经担任过漆园管理员，但是他不喜欢那种刻板的生活，就辞了官，回到家乡以织草鞋为生，赚取微薄的收入。老师宁可过着贫穷但随性自在的生活，也不愿意为了荣华富贵而受到拘束。

老师经常带着钓竿或者弹弓独自出门，钓鱼、打鸟成为他的"副业"。

　　这一天，老师在雕陵的一座栗园外面看到一只从来没有见过的鹊鸟。这只鹊鸟张开翅膀，足足有七尺长，眼睛有一寸大。

　　老师凝视了许久，却没想到，鹊鸟低空飞过的时候，竟然撞上了他的额头。

老师吓了一跳，鹊鸟也受到惊吓，慌乱地飞进园子里。

"这是什么鸟啊？翅膀这么长却飞不高，眼睛这么大却看不清！"

老师抓着弹弓，提起衣裳，快步地追了上去。

就这样，老师不知不觉地进到栗园里，拿起弹弓，瞄准那只怪鸟，准备射出弹弓中的石子。

就在这个时候，老师发现，那只鸟一动也不动地站在树枝上，正专心地注视着一只螳螂。鹊鸟在等待时机捕捉那只螳螂。老师还发现，螳螂也正伸出巨大的前肢，看着树叶浓密的地方，那里有一只放声大叫的蝉……

"哎呀！"蝉声热切之中，老师失声惊叫，

"我怎么也忘了危险?"

一回头,看守栗园的人就站在老师背后!

老师丢下弹弓,立刻跑出栗园。那看守栗园的人还在后面一边追,一边大声责骂。

老师回到家,心情不好。他一句话也没有说,只是坐着,好几天都没有出门。

"老师,您这几天怎么了? 好像不高兴的样子。"

老师看了看我,把在栗园发生的事说给

我听。

"难怪您这几天看起来不高兴。您已经丢下弹弓，那管理员应该知道您不是来偷栗子的，您只是追鸟追得太专心，追到忘我的地步。"

"没有错，我真的是太专心了，只顾着看着那只奇异的鹊鸟，却不知道我也像那只鹊

鸟、那只螳螂，还有那只蝉一样，处在危险的
地方，却一点感觉也没有。"

老师说完摇摇头，笑了笑，心情似乎好一
点了。

不过，他还是告诫我——

"我的老师曾经告诉我：'到一个地方，
就要遵从那个地方的习俗。'我到雕陵附近
去闲逛，却忘了要保护自己的身体，让鹊鸟撞

上我的额头；忘了自己不该随便进入别人的园子，让栗园管理员以为我是小偷，还对我大声叱喝。我就是因为不知道要保护自己，所以才不开心的呀！"

我把这件事记在心里，随时注意自己的言行，提醒自己不能为了眼前的利益，就忘了自己的处境。

老师最后又叮咛我几句——

"'福'跟'祸'往往是一个带着一个来的！看到有利的方面，也别忘了它背后可能带来的危险哪！"

没想到，一趟雕陵之行，给老师带来这么多的体悟，我要把老师的教诲记在心里。

原典欣赏

吾守形而忘身，观于浊水而迷于清渊。且吾闻诸夫子曰："入其俗，从其令。"今吾游于雕陵而忘吾身，异鹊感吾颡，游于栗林而忘真，栗林虞人以吾为戮，吾所以不庭也。

——《庄子·山木》（节录）

我只顾着关注外物，却忘记了自身所处的环境；看惯了混浊的水，反而对清澈的水潭感到迷惑。我曾从老师那里听说："到一个地方，就要遵从当地的习俗。"如今我来到雕陵游玩，忘却了自身的安危，让奇特的鹊鸟撞上我的额头；只顾着在栗林里游玩，却迷失了自身的本性。栗林的管理员以为我做了不该做的事，以至于侮辱我，所以我才不快乐呀。

13 / 惠施说:

你怎么知道鱼快乐?

我和庄周,有好一段时间没见面了。

我在魏国当官,他在家乡逍遥,每天过着闲散的日子。找他出来做官,他说他没兴趣,坚持要过那种随心所欲的生活,谁也拿他没办法。

说起庄周,我们其实是老乡,但是我们的想法常常不一样,他觉得我的想法奇怪,我觉得他的想法莫名其妙,所以见面常常斗嘴。

他一句来，我一句去，嘴上互不相让，其实心里很佩服对方。

像我，我就觉得为人处世，"有用"才是最重要的。一个东西，没有了用处，留着它做什么呢？

庄周就不这么想，他老是说"没有用"才是"最有用的"。这庄周，最喜欢跟我聊"没有用"的好处。下次见面，我绝对不跟他聊这个，看看他还能跟我说什么。

看，前面那个走过来的人，穿着宽松衣裳，套着草鞋，满脸胡碴子，不必说，那一定是庄周。

"前面有座桥，我们到那儿去看鱼吧！"

庄周好像很确定我会跟他走一样，连问候都省了，自顾自地往桥上走去。

"这河边的景色也不差呀！怎么非得到桥上去呢？"

庄周听了，没有理会我，自己往桥上走去。我在后面一边欣赏风景，一边跟着上桥。

他先走到，就在桥上等我。风把他的头发吹得凌乱，这一副邋遢样，只有他自己才能毫不在意。他不顾他的头发，只顾着低头看桥下的鱼儿戏水。

等我走到了，他便指着桥下成群的鱼儿对我说："你快来看看！"

这就是庄周——看起来就像个永远长不大的孩子。

"这鱼怎么了？"

我看了一眼，一群鱼在水中绕圈子，鱼不是都这样吗？

"你看这鱼在水里从容地来来去去，多么快乐呀！"

庄周开心地笑了。我们年纪不小，但他笑起来仍然有孩子的天真。这时候，我当然要泼泼他冷水。

于是我便问他："你又不是鱼，你怎么知道鱼快乐？"

庄周痴迷地看着水里的鱼，想都不想地回答我："你又不是我，你怎么知道我不知道鱼快乐？"

看，庄周把我的问题丢回来给我，我也要把问题丢还给他！

"我不是你，当然不知道你知道什么；你也不是鱼，很明显，你当然不知道鱼快乐还是不快乐！"

我低头看着鱼群游动，看来，这次辩论我要赢了！

庄周不慌不忙，也不急着争辩什么，低着头微笑地看着鱼，然后转过头对我说："回到我们最初讲的话吧，你问我：'你怎么知道鱼快乐？'——你是在问我怎么知道的。而且，你讲这句话的时候，就已经肯定'鱼快乐'这件事了。至于'我怎么知道的'……"

庄周把眼神又移回水中，然后说："我现在就告诉你，我是在这濠水的桥上知道的！"

唉，他说得没有错——我是在问他"怎么知道鱼快乐"，至于"怎么知道的"——他说他是在桥上知道的。

这个回答没有错。

好吧，我也不辩了，我们玩得开心才要紧。

　　庄子曰："鲦鱼出游从容，是鱼之乐也。"惠子曰："子非鱼，安知鱼之乐？"庄子曰："子非我，安知我不知鱼之乐？"惠子曰："我非子，固不知子矣；子固非鱼也，子之不知鱼之乐，全矣。"庄子曰："请循其本。子曰'汝安知鱼乐'云者，既已知吾知之而问我。我知之濠上也。"

——《庄子·秋水》（节录）

　　庄子说："鲦鱼从容地游来游去，这就是鱼的快乐呀。"惠子说："你不是鱼，怎么知道鱼快乐？"庄子说："你不是我，怎么知道我不知道鱼快乐？"惠子说："我不是你，固然不知道你知道什么；但是你也不是鱼，你不知道鱼快乐，这是完全可以确定的。"庄子说："我们回到问题原点。一开始你说'你怎么知道鱼快乐'，实际上是你已经知道我知道鱼快乐才问我的呀。现在我回答你，我是在濠水的桥上知道的。"

14 / 魏惠王说：
庖丁解牛，顺应自然

又要本王出来讲讲？讲的还是庄周？好吧，就讲庄周。虽然本王没能留下他，让他替本王效力，但是他的一举一动，本王还是很关心的。

本王听说，那庄周曾说，现在的马儿脾气不大好，都是伯乐害的。庄周崇尚自然，他说马儿在草原上生活得好端端的，高兴的时候，彼此摩擦脖子；生气的时候，就伸出蹄子互踢。

伯乐擅长看马，他知道什么马耐跑，什么马耐劳，挑出了所谓的"好马"。人类让马帮忙做事，把马的脾气都弄坏了。

庄周说要顺应自然，让马儿回到草原去，那才是对待马儿最好的方法。

本王出门要马拉车，打猎靠马奔驰，少了马就跟少了腿一样，本王需要马，本王不能没有马，"顺应自然"这种事，本王没办法配合。

不谈马了，谈谈牛吧。听说有一名庖丁，支解牛的功夫已经达到出神入化的境界。本王反正无事，就请他来，让本王看看这庖丁是怎么宰牛的。

来了！庖丁带着一把刀来，向本王行了礼，然后走到牛的旁边。庖丁面对这头庞大的牛，完全没有多看一眼，就开始工作。他手碰触到的地方，牛的骨骼互相摩擦，发出"咯咯咯"的声响。

他用肩膀使力，用脚、膝盖帮忙出力。

他的眼神是那么专注，动作是那么缓慢，然后把刀伸进骨骼缝隙里，只轻轻一转动，"咔啦咔啦"，牛的肢体就散了开来，软泥一样落在地上。

像一部缓慢的乐章，也像一首和谐的舞曲，庖丁提着刀站立着，眼神充满自信地看看四周，他的态度是那么从容不迫。

"妙哇！"本王看得如痴如醉。

听到本王的赞美，庖丁放下屠刀说："大王，我爱好的是'道'。'道'，让我超越

了技术的层次，所以今天才能在这里为大王宰牛。"

本王忍不住问："你的技术怎么能达到这么高明的地步？"

"我刚开始宰牛的时候，看到的是整头牛。三年之后，眼睛所看的，不再是完整的牛了。

现在，我完全不用眼睛看，而是用心去感觉，就知道什么地方该下刀，什么地方该停住。"

本王看着庖丁手上那把光亮单薄的刀，好奇地问："你多久换一次刀呀？"

庖丁恭敬地回答："好的厨师，一年换一把刀，因为他们是用刀切割；普通的厨师，一个月换一把刀，因为他们是用刀去砍牛体。"

那庖丁看着自己手中的刀，眼神里洋溢着满足，他说："我这把刀，已经用了十九年，宰割过好几千头牛，但是刀刃却像刚磨好的一样锋利。"

"你怎么办到的呀？"本王再次看着庖丁手上那把薄刀。

"骨头和骨头之间有缝隙，我用的这把刀

薄得几乎没有厚度。用几乎没有厚度的刀，切入骨缝里，活动空间当然就宽阔有余，骨头完全不会碰触刀刃。所以这把刀一用十九年，却还像刚刚磨过的一样。"

讲得真好，他的手艺令本王惊叹不已。

那庖丁退下以后，本王细细品味他说的话。的确，他就是能顺应自然的条理，顺应牛身体的构造，才能这么轻易地支解牛体。那些用力去砍、奋力去切的厨师，难怪很快就得换一把刀。

现在，本王知道那庄周所说的"顺应自然"的妙处了。

　　庖丁释刀对曰："臣之所好者道也，进乎技矣。始臣之解牛之时，所见无非全牛者。三年之后，未尝见全牛也。方今之时，臣以神遇而不以目视，官知止而神欲行。依乎天理，批大郤导大窾因其固然，枝经肯綮之未尝，而况大軱乎！良庖岁更刀，割也；族庖月更刀，折也。今臣之刀十九年矣，所解数千牛矣，而刀刃若新发于硎。彼节者有间，而刀刃者无厚；以无厚入有间，恢恢乎其于游刃必有余地矣。是以十九年而刀刃若新发于硎。虽然，每至于族，吾见其难为，怵然为戒，视为止，行为迟。动刀甚微，謋然已解，牛不知其死也，如土委地。提刀而立，为之四顾，为之踌躇满志，善刀而藏之。"

　　　　　　　　　　——《庄子·养生主》（本章取材）

114

15 / 弟子阿戊说:
成材和不成材之间

　　这个夏天特别热，老师说他想到山里走走，要我陪他一起去。

　　山里大树成荫，整座山都被浓密的树叶覆盖，虽然凉爽许多，但是翻山越岭还是让我们汗流浃背，只想坐下来喘口气，喝点泉水。

　　在半山腰上，我们看见一棵高大的树木。这棵树，枝繁叶茂，健康漂亮，远远看去，像一顶华丽的帐子。

我们来到树下，一群伐木工人倚靠着树干休息，清凉的树荫下，有的坐着，有的躺着，这真是个舒适的地方啊！

老师不急着找地方坐，他问我："阿戊，这棵大树没有被人砍伐，你知道原因吗？"

我想了想，说："老师，伐木工人留着这棵树，是为了让自己有个休息的地方吗？"

老师摇摇头，不同意我的看法，他到树底下去请教伐木工人。

一个伐木工人没有多想，便说："你问这棵树吗？它的材质不好，一点用处也没有，我们砍它来做什么？"伐木工人说完，闭上眼睛打盹儿。这样的天气，多说一句话都累。

"听到了吗？这棵树因为不成材，所以能

保全性命，让自己平安享受自然的寿命！"老师对我说。

我们又往前走，走出这片山林之后，正巧，老师朋友的房舍就在前面，于是我们顺道去拜访。

老师和老友好久没有见面了，两个人都好开心，拉着手相互问候，说长道短聊着离别之后的种种。主人还不忘吩咐童仆煮一只鹅来款待老师。

童仆走了出去又折回来。"老爷，"他问，"园子里有两只鹅，要先杀会叫的那只，还是不会叫的那只？"

主人正和老师叙旧，没有多想，便说："杀那只不会叫的吧！不会叫的鹅，留着做什么？"

我站在老师身旁，主人的话令我惊讶，老师不是常说，没有用的东西，才能够平安度过自然寿命吗？这只鹅因为不会叫，比较没有用，主人就先把它杀了，这不是跟老师说的道理相反吗？

　　这件事令我困惑了一个晚上。

　　第二天，老师辞别山中老友。在回程的路上，我向老师请教这个问题。

　　"老师，昨天山中的那棵大树，您说它因为不成材，所以能保存性命活到现在。"

　　"是的。"老师说。

　　"但是昨天的鹅，却因为没有用

处而先被杀掉。老师，究竟是成材好，还是不成材好呢？"

老师边听边笑着说："阿戊，你观察得很仔细。如果是我，我会选择当一个介于'成材'和'不成材'之间的人。"

老师知道我不懂，便解释给我听。

"我要做的，是能顺应大自然。自由自在地游乐，没有赞美也没有批评。有时候可以像龙一样飞腾，有时候可以像蛇一样蛰伏，不会固执地一定要'成材'，或者一定要'不成材'，这就是我的选择。"

老师说完，又要我记住一件事："锐利的棱角容易受挫，尊贵的地位容易覆败，没有用处的又容易受到欺负。阿戊，记住，不要偏执于某一方，顺应自然就对了。"

"成材"与"不成材"，都不是老师追求的，老师只是顺应自然，让自己不受到拘束拖累。我知道，他要的，是逍遥自在的生活。

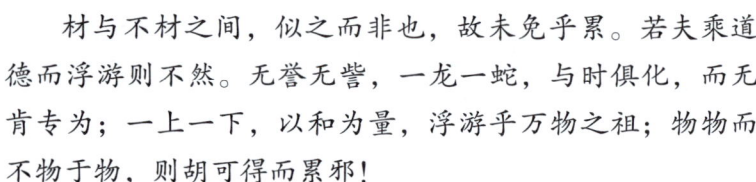

材与不材之间，似之而非也，故未免乎累。若夫乘道德而浮游则不然。无誉无訾，一龙一蛇，与时俱化，而无肯专为；一上一下，以和为量，浮游乎万物之祖；物物而不物于物，则胡可得而累邪！

——《庄子·山木》（节录）

处于成材与不成材之间，好像符合大道却并非真正与大道相合，这样还是不能免于受外物拖累。假如能顺应自然，自由自在地游乐，那情况就不同了。没有赞誉也没有批评，时而像龙一样腾飞，时而像蛇一样蛰伏，随着时间的推移而变化，不偏执于成材或是不成材；时而进取时而退缩，一切以和谐作为考量，优游自得地生活在万物的初始状态；支配外物，却不被外物所支配，如此，怎么会受到外物的拘束和拖累呢？

16 / 东郭先生说：

道，到底在哪里？

我住在城郭东边外围的地方，朋友都叫我"东郭先生"。

我也不知道为什么后来的人要说一个人穷困潦倒，就给他取个名字叫"东郭先生"；要说一个读书人头脑迂腐、目光短浅，也会给他取个名字，就叫"东郭先生"。

住在城郭东边，是我的命；穷困、迂腐，是我不够努力。所以无所谓，我还是我，不折不扣的"东郭先生"。

我今天就是要来求点学问。常有人说我们"东郭先生"读死书,不懂得人情世故,所以我要常跟有学问的人请教请教,免得像大家说的那样。

换上洁净的衣裳,整理好帽冠,我要到庄先生那儿去。听人家说庄先生有学问,常说"道"给大家听,但是我不知道所谓的"道"是什么,"道",到底在什么地方?

"'道'吗?它无所不在呀!"庄先生这么说。

这就难懂了。无所不在?我呼吸的空气里面有"道"吗?我穿的衣裳、戴的帽冠里面有"道"吗?我喝的稀饭、流的血汗里面也有"道"

吗？我越想越迷惑。

但是，我一定要弄清楚，要不然我们"东郭先生"又要被人当成笑话了。

"能不能请先生指出一个具体的东西，让我比较好懂一点？"我恭敬谨慎地说。

"'道'，就在蚂蚁、虫子身上。"

蚂蚁？虫子？"道"，怎么会在这么卑微的东西身上？

庄先生看我一脸糊涂的样子，重新指点我。

"'道'，就在稻田的杂草里面。"

稻田的杂草里面？刚才在小虫子身上，现在又在杂草里？"道"，到底是什么呀？

庄先生看我还是一脸迷惑，便伸手指指旁边的屋子。

"'道'在屋子里？"我兴奋地问。

"对，在瓦块、砖头里。"庄先生说。

我一脸不解，还是没有办法想象，只能红着脸再问："怎么越来越低下呢，先生？"

我这么一说，庄先生想了一想，这次更猛了，他说："道，就在屎尿里。"

　　人家都说我们"东郭先生"读死书，我有心请教有学问的人，怎么会得到这样的答案呀？算了，我不问了！

　　庄先生看我不再说话，便讲个故事给我听："有一个管理市场的官吏，他问杀猪的人，怎么分辨猪的肥瘦？杀猪的人告诉这个官吏，用脚去踩踩猪的腿，往下踩去，慢慢地感受，越有肉的，猪越肥。"

"这个故事跟'道'有什么关系呀？"

"'道'，就是这样，它是真实又可信的，但是没有办法说得清楚；'道'，可以领悟，但是没有办法描述哇！"

这样我就有一点点懂了。难怪庄先生说"道"是无所不在的，他的意思是，不管是尊贵的还是卑微的，"道"，随处都可以学习。

庄先生说："就让我们一起遨游，一切都是无穷无尽的呀！让我们一起没有什么作为，追求心灵的平静和安适。我的心，早已虚空宁静，不知道终点在哪里，我飞在广阔无边的地方，不知道边界在什么地方。"

我还是回去继续当"东郭先生"吧，学问这东西，太深奥；"道"，太难懂了！

　　夫子之问也，固不及质。正获之问于监市履狶也，每下愈况。汝唯莫必，无乎逃物。至道若是，大言亦然。周遍咸三者，异名同实，其指一也。

——《庄子·知北游》（节录）

　　先生所问的，本来就没有触及道的本质。一个名叫"获"的市场管理员询问屠夫，要如何分辨猪的肥瘦。屠夫说，就用脚踩踩猪的腿，往下踩到不易长肉的小腿，越有肉的，猪越肥。你不要只在某一事物里寻找道，万物没有什么东西可以逃离它。最高尚的道是这样，最伟大的言论也是这样。"周""遍""咸"三者，它们的名称不同但实质相同，其意旨是一致的。

17 / 太子悝说：

千金难买无敌剑客

　　我的父王是赵国君主赵文王，他没有太多嗜好，只喜欢看人击剑。

　　为了观看击剑，父王养了三千多名剑客，好让他们一天到晚都能在自己面前击剑、比试。父王对击剑的喜好，已经到了无法自拔的地步，没有人劝阻得了他。

　　刀剑无情，每年因比剑而死的剑客，总有一百多个。而且，三年了，父王不理朝政，赵

国国势日渐衰微，父王不仅没有放在心上，反而更加执迷不悟。

"如果有人能让大王戒除这个嗜好，我愿意赏赐千金给他。"我对属下这么说。

有人私下告诉我："这件事，庄周能办到。"

"真的吗？"这不是件容易的事，庄周真的能办到吗？

于是我派人带着千金去找庄周，据说他没有多看赏金一眼，就跟着使者来了。

"太子是遇到什么困难了吗？为何要赏赐这么多财物给庄周？"

"我听说先生是有智慧的圣人，想请先生为我想个办法。先生不收下这些钱，我怎么敢开口要求？"

"如果我没有办法达到太子的要求，我可能受刑而死，这千金对我来说有什么用？如果我有办法达到太子的要求，我在赵国还有什么得不到的？这千金对我来说，又有什么用？"

庄周的话有道理。于是我便把父王因为爱好剑术导致国政荒废的事告诉他，请他帮忙想想办法。

“正巧，庄周非常擅长剑术，我们这就去见大王。”

　　这真是太好了，看来庄周真的有办法，说完他就要去见父王。

　　“等一等！”

　　我看着庄周的打扮，他穿着一身读书人的儒服，而且非常破旧，完全不像“剑士”的模样。

　　“庄先生，父王喜欢的剑士，外表都是头发蓬松，鬓毛不修，帽檐低垂，穿着方便打斗的短衣；表情都是怒目相视，口出恶言……”

我还没有形容完，庄周便开口说："庄周静候剑士的服装。"

花了三天的时间准备，终于为庄周制出一套剑士短衣。他穿上后，立刻变成父王喜欢的剑士的模样，我便与他一同去见父王。

庄周来到殿内并没有加快脚步，见了父王也不跪拜，一副高傲的样子。

"你有什么本领？"父王问。

"我的剑，十步之内就可以要一个人的命，独自行走千里的路途完全没有问题，没有人敢阻挡我。"

"天下无敌呀！"父王流露出无比的敬意，点了好几次头。

"这没什么，用剑，要故意露出一点点破

绽，给对手可乘之机，当对手一发动攻击，我们要比他更早一步击中他，这样就能取胜了。"

"先生能不能击剑给本王看？"

"能。"

父王非常开心，忙着跟庄周定下时间。

"请先生先回去休息，等我安排好比试的时间，再去请先生来。"

这是怎么回事？我请庄周来，不就是要革除父王的恶习？怎么他反而要击剑给父王看？真是令人看不透哇！

这段时间，父王每天召来剑士比剑，比了七天，死伤六十多人，才挑选出五六人。他们拿着剑，在殿内等着和庄周比试。

我忍不住为庄周捏一把冷汗，那些选拔出

来的剑士，每一个都横眉竖目、杀气腾腾，庄周却是一派斯文，他的剑术真的行吗？

头痛啊！

　　王曰："子之剑何能禁制？"曰："臣之剑，十步一人，千里不留行！"王大悦之，曰："天下无敌矣！"庄子曰："夫为剑者，示之以虚，开之以利，后之以发，先之以至。愿得试之。"

——《庄子·说剑》（节录）

　　赵文王问："您的剑术，如何能制伏敌人？"庄子说："我的剑，十步之内可杀一人，行走千里也没有人敢阻挡我。"大王听了很高兴，说："天下没有您的对手了！"庄子说："击剑的要领是，故意露出弱点给对手，再乘机引诱对方出手，要比敌方晚出手攻击，同时要抢先击中对手。希望有机会能试试我的剑术。"

18／太子悝说：
有形剑客无形剑

　　父王为庄周精心设计了一场击剑比试，他想知道庄周是不是他追寻的天下无敌剑客。

　　我为这场比赛头痛不已。我邀请庄周，是要改掉父王沉迷击剑的毛病，结果他也为父王比剑，他能改变父王的嗜好吗？

　　先把我的狐疑丢到脑后吧！来了来了，庄周穿着剑客的衣裳，带着些许杀气，走上了台阶。他的神情还是一样傲慢，他的举止还是一样狂妄，不过没有关系，这是父王喜爱的调调。

庄周走上台阶的时候，冷冷地看了一眼精挑细选出来的剑客，他们捧着剑，还在台阶下面等着。

"现在，就看你的了。"我听见父王对庄周说。

"庄周盼望很久了！"

父王露出期待的眼神，这时，他发现庄周还没把剑拿出来。

"你的剑呢？你用的是长剑还是短剑？"

"长剑、短剑我都行。我常用的有三把剑，就请大王为我挑选一把吧。"

骄矜之中，庄周仍然能迎合父王的胃口，父王就是喜欢这一套：凡事尊重他。

"快告诉我，你有哪三把剑！"父王晶亮
的眼神里全都是仰慕。

"臣的三把剑，分别是天子之剑、诸侯之
剑、百姓之剑。"

父王弯下腰，想要更靠近庄周一点，他问：
"天子之剑是什么剑？"

"天子之剑，是用燕溪、石城当剑端，用

齐国的泰山当剑刃，再用晋国和卫国当剑背、周国和宋国当剑口、韩国和魏国当剑柄……"

"好厉害的一把剑哪！"父王露出向往的神情。

"没有错，这把剑，向前直刺，没有人敢阻挡；向上能割裂浮云，向下能斩断大地的根基。这把剑，可以矫正诸侯的错误行为……"

庄周这时看了父王一眼，父王的神情顿时一惊，像是中了晴天霹雳一样。

"这把剑，可以使天下人全都归服。大王，这是天子之剑。"

"那么，诸侯之剑呢？"父王的神色有点尴尬，但还是继续问下去。

"诸侯之剑，是用智慧勇敢的人当剑端、

清白廉洁的人当剑刃、贤良正直的人当剑背、忠诚圣明的人当剑口、才智出众的人当剑柄……"

父王这时轻轻地点点头，似乎也欣赏起这把剑了。

"这把剑，可以顺服民意而安定四方，它一旦出鞘，必定雷霆万钧、气势万千，四境之内，没有不归附顺从的，必定完全听命于国君。"

父王重拍座椅

扶手，站了起来："好一把诸侯之剑！那么，百姓之剑又是怎样的？"

"使用百姓之剑的人，头发蓬松，鬓毛不修，帽檐低垂，穿着方便打斗的短衣，怒目相视，口出恶言……"

父王这时颓坐在王位上，跟庄周对视了一眼，说不出半句话。

"用剑的人在人前相互争斗刺杀。这把剑，向上割断脖颈，向下刺穿肝肺，这就是百姓之剑。大王，这跟斗鸡没什么两样。"

庄周看了父王一眼，接着

说："打斗的剑士一旦命尽气绝，对国家一点帮助也没有。现在，大王居天子之位，却仍在用百姓之剑，我私下为大王觉得不值得呀！"

父王站了起来，走到庄周面前，拉起他的手，带着他来到殿上，请厨师为他献上食物，恭敬地招待他。

从那天开始，父王整整三个月都不出宫门，再也不看击剑了。

庄周就这样治好了父王的不良嗜好！

　　曰："庶人之剑，蓬头突鬓垂冠，曼胡之缨，短后之衣，瞋目而语难。相击于前，上斩颈领，下决肝肺。此庶人之剑，无异于斗鸡，一旦命已绝矣，无所用于国事。今大王有天子之位而好庶人之剑，臣窃为大王薄之。"

——《庄子·说剑》（节录）

　　庄子说："使用百姓之剑的人，头发蓬乱，鬓毛不修，帽檐低垂，帽缨粗实，穿着方便打斗的短衣，怒目相视，口出恶言。他们在人们面前互相刺杀，向上砍断别人的脖子，向下刺穿别人的肝肺。这是百姓之剑，跟斗鸡没有什么两样，一旦命尽气绝，对国事一点帮助也没有。现在大王居于天子之位，却仍在用百姓之剑，我私下为大王觉得不值得呀！"

19 / 公孙龙说:
井底蛙见到东海鳖

　　人们都说庄先生有学问，但我总读不懂他的理论。

　　我从小努力学习，长大以后也算是一个明白"仁义"的人，口才好，脑筋动得快，有办法把对的说成错的、没用的说成有用的，也有办法把不可能的说成可能的。

　　我不是油腔滑调，"说话"是我的工作，人们称我为"辩士"，我是能说会道的辩士。

但是对于庄先生的言论，我怎么读都觉得没有办法了解。

我看还是问问魏年，他是中山国的王子，喜欢研究庄先生的学问，我这就去请教他。

魏公子倚靠着小茶几，听我说完来找他的目的，忍不住哈哈大笑。

"你呀，让我说个故事给你听吧！"

魏公子跟庄先生一样，一肚子都是故事。

有一只青蛙，住在浅浅的井里。有一天，它跳出这口浅井，遇到一只鳖，它得意地跟鳖说："看我多么快乐！我一跳，就跳上这水井的围栏；回到井底，就能靠着破井壁休息；跳进水里，水就浮起我；跳进泥里，泥浆就保护着我。看看那些井里的虫子、螃蟹、蝌蚪，有谁像我这么幸福？独自拥有一口井，又拥有一坑水，这口井带给我无限的快乐呀！"

青蛙说完，还邀请这只鳖到它的住处去玩玩。这只鳖伸出左脚，还没有踏进井里，右膝就已经被绊住了，根本进不了井。

"啊，这只鳖还真大呀！"我忍不住说出口。

"你知道这只鳖是从哪里来的吗？"

"不知道。"

"这只鳖从东海来，于是，它也告诉青蛙自己的住处。"

东海来的鳖告诉青蛙："我从大海来，大海呀，一千里也无法形容它的宽广，八千尺也没有办法形容它的深。夏禹的时候，十年之内有九年水灾，大海的水面完全没有上升；商汤的时候，八年之内有七年旱灾，海岸也没有因此浅露。不会因为时间的长短而改变，也不会因为雨水的多少而变化，这是大海的大快乐呀！"

井里面的青蛙坐在井栏上，一副失神的样子，它没有办法想象东海鳖形容的大海。

"太辽阔了！"我说。

"正是。"魏公子说。

脑筋动得快的我，立刻听懂了这个故事。我想象庄先生的言论，就像井底的青蛙想象汪洋大海一样——太过辽阔，是我没有办法想象的呀！

"一个人没有办法分辨是非就想看懂庄先生的言论，就好像是让一只蚊子去背负一座山、叫那万脚蚿拉长身子去渡河一样，是没有办法做到的呀！"

"那我该怎么办呢？"

我可不想当那只守着浅井的青蛙，可是大海没有边际，我要怎么欣赏呢？

魏公子没有告诉我，他又说了一个故事。

"你没有听过寿陵的少年被送到邯郸去学走路的故事吗？这个少年不但没有把别人走路的方法学会，而且忘了自己走路的方法，最后只好爬着回家。"

哎呀，魏公子用这个故事提醒我，不要学不到庄先生的学问，又忘了自己原有的学问哪。

我还是把自己能说会道的本领顾好吧，等我跳出了那口浅井，也许我就能看到大海了。

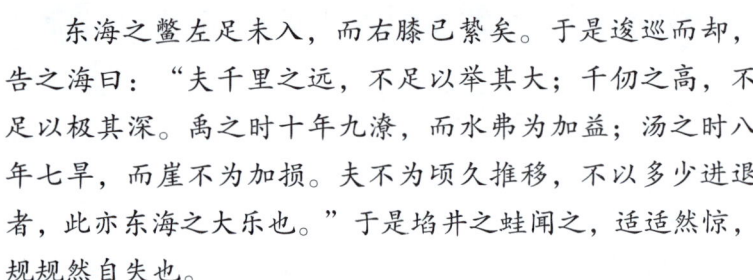

　　东海之鳖左足未入，而右膝已絷矣。于是逡巡而却，告之海曰："夫千里之远，不足以举其大；千仞之高，不足以极其深。禹之时十年九潦，而水弗为加益；汤之时八年七旱，而崖不为加损。夫不为顷久推移，不以多少进退者，此亦东海之大乐也。"于是埳井之蛙闻之，适适然惊，规规然自失也。

　　　　　　　　　　　　——《庄子·秋水》（节录）

　　东海的大鳖来到井边，左脚还没伸进去，右膝就已经被绊住了。大鳖徘徊不决地退了出去，并将大海的情况告诉井里的青蛙："千里的路途，还不能说明海的宽广；八千尺的高度，也不足以形容海的深。夏禹的时候，十年之内有九年水灾，海水没有因此加深；商汤的时候，八年之内有七年旱灾，海岸也没有因此浅露。不会因为时间的长短而有所改变，也不会因为雨水的多少而有所增减，这是东海的大快乐呀！"浅井里的青蛙听到了这些话之后，大惊失色，茫然不知所措。

20/ 惠施说：
生死就像四季轮转

　　庄周的妻子去世了，我要去探望并安慰我的老朋友，希望他不要太过悲伤。

　　还没走到庄周家，远远就听到阵阵歌声传来，听那五音不全的声音，就知道是庄周。令我百思不解的是，这个时候，庄周怎么还能唱节奏欢快的歌？

　　明明在办丧事，庄周的歌声却听不出哀伤，等会儿见面，我要提醒他。

果然没错，庄周蹲坐在地上，面前摆着几个瓦盆，他一边敲打瓦盆，一边纵情歌唱。

　　老友一定是悲伤过了头，神智不清，才会闹出这样的事。我赶紧去安慰他，今天暂时不跟他争辩。

　　"庄周，你要节哀呀，不要太难过。"

　　"我不难过呀！"庄周没有停止歌唱，还越唱越起劲，表示他很快乐。

　　我仔细地看着他，他看起来神智是清醒的，可见不是伤心伤到了脑筋，那我就要讲讲他了。

　　"怎么了吗？"庄周继续敲打瓦盆问我。

　　"我说呀，嫂夫人跟你一起生活了这么久，为你生儿育女，大部分的岁月都奉献给这个家，现在她去世了，你不哭也就算了，还敲着瓦盆大声唱歌，这样不会太过分吗？"

"不会不会，一点儿也不过分。"

庄周不但没有悲戚的神色，还唱得很开心，我想听听看他怎么解释。

"她刚过世的时候，我怎么会不难过？但是想想，她还没有诞生的时候，是没有生命的；不但没有生命，连形体也没有；不仅没有形体，就连气息也没有。"

庄周这次又要说出什么道理？我就听听看吧。

"那又怎么样？"我问。

"然后就在恍惚之间，变化而有了气息，气息变化而有了形体，形体变化而有了生命。"

说到这里，庄周终于停下拍打的动作，他看着我说："现在，她从有生命变回到没有生命，这不就像春、夏、秋、冬四季的运行一样吗？"

　　我想了想，庄周的比喻没有错呀！人生不就是这样？四季轮转不也就是这样吗？

　　庄周一点也不悲伤地说："内人刚去世的时候，我常常难过地看着她。可是我心里想，现在，这个人已经平静地躺下来，就睡在'天'与'地'形成的大房子里，而我却在这儿伤心地哭泣。我原来怎么没

想到——生命的道理就是这样啊！所以我就不再难过了。”

庄周说完这些话，又拍打起瓦盆，大声地唱起歌来。

他说的没有错，生、老、病、死，就像春、夏、秋、冬循环不止，何必为了春天远离而悲伤？冬去春来，四季循环，这就是大自然。

“她本来就是从大自然中来的，现在回到大自然里去了，我应该为她高兴才对，怎么能悲伤呢？”

庄周说完，又拍打起瓦盆，大声地唱起歌来。

我还能说什么呢？庄周觉得生与死不过就是大自然里的自然现象，不需要太过在意，也

160

不要过度感伤和恐惧，我也就不必安慰他了。

生，是死的延续；死，是生的开始……谁知道这生死的规律呢？生命，是气的凝聚；气聚，就有了生命；气散，生命就消失。生死就是这样循环的呀！我又何必忧伤呢？

我走远了，还听到庄周在纵情歌唱。

是其始死也，我独何能无概然！察其始而本无生，非徒无生也而本无形，非徒无形也而本无气。杂乎芒芴之间，变而有气，气变而有形，形变而有生，今又变而之死，是相与为春秋冬夏四时行也。人且偃然寝于巨室，而我嗷嗷然随而哭之，自以为不通乎命，故止也。

——《庄子·至乐》（节录）

妻子刚过世的时候，我怎么会不难过？但是想想，她起初是没有生命的，不但没有生命，而且连形体也没有；不只没有形体，就连气息也没有。就在恍惚之间，变化而有了气息，气息变化而有了形体，形体变化而有了生命。现在，她从有生命变回到没有生命，就像春、夏、秋、冬四季的运行一样啊。现在我的妻子不过是安寝于天地之间，我要是还在旁边号啕痛哭，那就是太不通达于天命了，所以我不哭了！

21/弟子阿己说：
再也找不到对手了

　　这一天，我陪老师去参加葬礼，回程的路上，老师对我说："己，我们绕进这条路吧。"

　　老师特地绕到惠子的坟墓，在那里徘徊了一阵。

　　惠子已经去世了，这里埋葬的，正是老师最珍视的朋友——惠施。他们一个是布衣、一个是宰相，不管地位相差多大，友情却一直坚定不移。

老师在墓碑前凝视许久，然后回头对我说了一个故事。

在郢这个地方，有一个人，他把白色的石灰点在鼻尖上，白色的石灰像苍蝇翅膀那么薄，只要用手轻轻一抹，就能抹掉。

但是这个人不这么做，他找他的工匠朋友来，要工匠用斧头把他鼻尖上的白粉削去。

工匠举起斧头在他面前来回试了几次，每次都把斧头舞得虎虎生风。郢地的这个人，任凭工匠运斤成风，他只闭起眼睛，若无其事地安心等待。

时机成熟，工匠的斧头轻轻滑过这个人的鼻尖，不多一分也不少一分，那薄薄的石灰被斧头轻轻削去，不留半点痕迹。而他的鼻子还在，完全没有受伤。

"己，这个故事，你听懂了吗？"

老师常讲故事，他把想讲的道理通过故事告诉我们，但我还是没有听懂。

他看着惠子的坟墓，停顿了一下，才继续讲。

宋国国君听说了这件事，也想看看这工匠出神入化的技术，便召人去请工匠来。

工匠来到国君面前，绝望地摇摇头，对国君说："已经来不及了，没有办法了。"

"怎么说呢？"

"我的技艺还是一样纯熟，还是能用斧头削去石灰。但是那个信任我的对手已经去世，再也没有人可以这么信任我，当我的拍档了。"

老师说到这里，我才领悟到他要说的道理。

老师又回头看着惠子的坟墓，怅然地说：“自从你去世以后，我就没有对手了，我也没有可以深谈的人了。”

老师静静地坐了一会儿，才起身往回走。

离开惠子的坟，一路上，我在想老师对待这位好友的方式，两个人每次见面，总是不停地争辩。说他们在争辩，不如说他们在一起探讨，探讨学问上未知的境界，一起弄清楚自己的想法正不正确。

现在，没有了惠子，老师没有可以深谈的对象了，他的身影更加落寞。

老师推崇惠子，他曾说惠子学问丰富，读过的书可以放满五辆车。

　　老师还曾经对我们说过，有三位先生，因
为拥有登峰造极的才智，所以享有盛誉，被记
载下来。这三位先生就是善于弹琴的昭文、精
于音律的师旷，还有惠子。惠子倚着梧桐树与
人高谈阔论的身影，是一幅令人欣赏的智慧

之画。

　　这些都远去了，老师不再有可以深谈的人了。老师的寂寞，惠子知道吗？

　　"这辈子，再也找不到知己了。"

　　老师的叹息，回荡在风里。

郢人垩慢其鼻端，若蝇翼，使匠石斫之。匠石运斤成风，听而斫之，尽垩而鼻不伤，郢人立不失容。宋元君闻之，召匠石曰："尝试为寡人为之。"匠石曰："臣则尝能斫之。虽然，臣之质死久矣。"自夫子之死也，吾无以为质矣，吾无与言之矣！

——《庄子·徐无鬼》（节录）

在郢这个地方，有一个人把像苍蝇翅膀那么薄的白石灰点在鼻尖上，他找来工匠用斧头替他削去鼻尖上的白灰。工匠挥起斧头呼呼作响，随手就削掉了鼻尖上的白灰，鼻子丝毫没有受伤，郢人站着面不改色。宋元君听说这件事，召唤工匠，说："试着表演给我瞧瞧。"工匠回答："我以前确实能削掉鼻尖上的白灰。虽然如此，但是能让我施技的那个伙伴已经过世很久了。"自从惠施死后，我就没有对手了，再也没有可以和我深谈的人了！

《庄子》成语选

庄子善用故事说道理，许多常见的成语，都充满庄子有趣的寓言风格！

大而无当

形容言语过分夸张而不着边际。后多形容东西虽大却不实用。

典 吾闻言于接舆，大而无当，往而不返。（《庄子·逍遥游》）

译 我听接舆说话，言语夸大不着实际，一辩论起来就不可收拾。

扶摇直上

原指乘着暴风自下急遽地盘旋而上。比喻事物迅速地直线上升。后比喻仕途得志。

典 鹏之徙于南冥也，水击三千里，抟扶摇而上者九万里。（《庄子·逍遥游》）

译 鹏鸟往南海迁徙时，激起的水花达三千里，拍打着旋风直上九万里高空。

越俎代庖

比喻越权办事或包办代替。

典 庖人虽不治庖，尸祝不越樽俎而代之矣。
（《庄子·逍遥游》）

译 厨师虽然不下厨，主祭的人也不能越权代替他呀。

偃鼠饮河

比喻所求不多，极易满足。

典 偃鼠饮河，不过满腹。（《庄子·逍遥游》）

译 偃鼠饮用河水，所需的不过是填满肚子。

大相径庭

比喻两者截然不同或相去甚远。

典 吾惊怖其言，犹河汉而无极也。大有径庭，不
近人情焉。（《庄子·逍遥游》）

译 我惊骇他的言论像银河般没有边际，和常理相差太
远而不合人情。

栩栩如生

形容非常逼真，仿佛具有生命力。

典 昔者庄周梦为胡蝶，栩栩然胡蝶也，自喻适志与！
（《庄子·齐物论》）

译 从前，庄周梦见自己变成蝴蝶，一只翩翩飞舞的蝴蝶，
他感到多么地愉快和惬意啊！

朝三暮四

原比喻使用诈术进行欺骗。后比喻常常变卦，反复
无常。

典 狙公赋芧，曰："朝三而暮四。"众狙皆怒。曰：
"然则朝四而暮三。"（《庄子·齐物论》）

译 养猴的人给猴子们分橡子，说："早上吃三个橡子，
晚上吃四个。"众猴听了很生气。养猴的人又说：
"那早上吃四个橡子，晚上吃三个。"众猴听了都
很满意。

哀莫大于心死

一个人最悲哀的事情莫过心死了。

典 夫哀莫大于心死，而人死亦次之。
（《庄子·田子方》）

译 没有比心死更悲哀的事了，即使是身体的死亡也比
不上它。

溢美之言

指过分夸赞的言辞。后多指吹捧的话。

典 夫两喜必多溢美之言，两怒必多溢恶之言。
（《庄子·人间世》）

译 双方欣喜时，一定会说出许多赞美的话；双方愤怒
时，必定会说出许多充满厌恶的话。

螳臂当车

比喻不自量力。

典 汝不知夫螳螂乎？怒其臂以当车辙，不知其不
胜任也。（《庄子·人间世》）

译 你不知道螳螂吗？它奋力举起臂膀要阻挡车轮，根
本不知道凭自己的力量没办法做到。

相濡以沫

原指处于干涸境地的鱼用唾液相互浸润。比喻在困境中
以微力互相救助。

典 泉涸，鱼相与处于陆，相呴以湿，相濡以沫，不如相
忘于江湖。（《庄子·大宗师》）

译 泉水干了，几条鱼困在陆地，互相吐出泡泡，用自己的
唾沫来湿润对方的身体以得到生存，如此还不如回到广
阔的江河湖海，彼此相忘。

虚与委蛇

指对人假意殷勤，敷衍应付。

典 乡吾示之以未始出吾宗，吾与之虚而委蛇。
（《庄子·应帝王》）

译 刚才我显示给他看的并不是我的根本大道，我不过是随和应付他。

盗亦有道

盗贼也有行盗的原则与规矩。

典 跖之徒问于跖曰："盗亦有道乎？"跖曰："何适而无有道邪！"（《庄子·胠箧》）

译 大盗跖的徒弟问跖："当强盗也有规矩吗？"跖说："到什么地方会没有规矩呢？"

夏虫不可语冰

比喻人见闻有限，见识短浅，不可能接受新事物。

典 夏虫不可以语于冰者，笃于时也。
（《庄子·秋水》）

译 对夏天的昆虫，不能和它谈冬天的寒冷，这是因为它受到生长时间的限制呀。

邯郸学步

比喻仿效他人，未能取得成就，反而失去自己原有的技能。

典 且子独不闻夫寿陵余子之学行于邯郸与？未得国能，又失其故行矣，直匍匐而归耳。（《庄子·秋水》）

译 您没听说过寿陵的少年到邯郸去学赵国人走路的故事吗？他不仅没有学会赵国人走路的方法，还忘记了自己原来走路的方法，只好爬着回到家门。

每况愈下

比喻情况愈来愈坏。也作"每下愈况"。

典 正获之问于监市履狶也，每下愈况。（《庄子·知北游》）

译 一个名叫"获"的市场管理员询问屠夫，要如何分辨猪的肥瘦。屠夫说，就用脚踩踩猪的腿，往下踩到不易长肉的小腿，越有肉的，猪越肥。

得鱼忘筌

比喻成功以后就忘了赖以成功的事物、条件。也比喻人在成功后就忘恩负义，背弃根本。

典 筌者所以在鱼，得鱼而忘筌。（《庄子·外物》）

译 渔具是用来捕鱼的，鱼捕到了，就把渔具忘掉了。

日出而作，日入而息

太阳升起就起床工作，太阳落山就休息。后泛指单纯简朴的生活。

典 日出而作，日入而息，逍遥于天地之间而心意自得。（《庄子·让王》）

译 太阳升起就出门工作，太阳下山就回家休息，无拘无束地生活在天地之间，心中的快意只有自身能够领会。